もくじ

はじめに ……………………………………………………………… 4

1章 薬物依存症ってなに?

マンガ エナジードリンクからオーバードーズに!? ……………… 5

身近にある! **薬物乱用**のきっかけ ……………………………… 8

薬物乱用ってなに? ……………………………………………… 10

薬物乱用がひきおこす心身への影響 ………………………… 12

どんな人が **薬物依存症**になりやすいの? …………………… 14

＼きみは大丈夫?／ **薬物依存症**チェックリスト ……………… 15

2章 どんな薬物があるの?

薬物の種類を知ろう ……………………………………………… 16

じつは危険! **乱用・依存**をひきおこしやすい**市販薬** ……… 18

じつは危険! **乱用・依存**をひきおこしやすい**処方薬** ……… 20

じつは危険! **乱用・依存**をひきおこしやすい**飲食物** ……… 22

知っておこう! **依存症**になる危険な**薬物** …………………… 24

考えてみよう! これって**違法**? ………………………………… 28

薬物を規制する**法律** …………………………………………… 29

2

3章 薬物依存症にならないためには

- 処方薬・市販薬の正しい使いかたを身につけよう ……… 30
- 違法薬物と出合わないようにするために ……… 32
- 薬物の上手な断りかた ……… 34
- ネットリテラシーを身につけよう ……… 36
- 自分が家族が 薬物依存症かもしれないと思ったら ……… 38
- 友だちが 薬物依存症かもしれないと思ったら ……… 41
- 薬物依存症の治療法 ……… 42
- マンガ ＼その後のリナさんは……／ 自分のペースで治療をはじめた ……… 44
- 相談先一覧 ……… 46
- さくいん ……… 47

★この本に登場するキャラクターの紹介★

フクミン
みんなに依存症について教えてくれるなぞのフクロウ。ときどきするどい発言をする。

ソウ
中学入学と同時にスマホデビュー。ゲームが趣味。自分は「依存症」とは無縁だと思っている。まじめな性格。

ツムギ
塾でエナジードリンクがはやっているので、試験前や緊張したときに飲んでいる。やさしい性格で心配性。

リン
部活をがんばっていて、最近はダイエットに興味がある。明るい性格でみんなのムードメーカー。

ヨウタ
流行などいろいろなことを知っていて、依存症についても少しだけ知識がある。明るくて元気な性格。

はじめに

みなさんへ

みなさんは「依存症」というと、どんなイメージをもちますか？

いわゆる覚醒剤や大麻といった違法ドラッグによる薬物依存をしている人を想像するのではないでしょうか。

これもまちがいではないですが、ここ最近は身近な薬物に依存して緊急搬送される若者が増えています。身近な薬物とは、アルコールやニコチンはもちろん、コーヒーやお茶、エナジードリンクにふくまれているカフェイン、さらには、ドラッグストアで売られている薬や、病院で処方される薬をさします。これも使いかたをまちがえると、健康を害し、人を依存症にさせる危険性があります。

この背景には、薬物にハマる子がなにか悩みや困りごとをかかえている場合が多いという現実があります。劣等感や孤立感、プレッシャーやさびしさ、あるいは、家族や友だちとのトラブルに悩みながらも、だれにも助けを求めることができないまま、薬物でつらい気持ちをまぎらわしているのです。そういった子たちを、「特別な人」として見るのではなく、「困っている人」として手をさしのべ、信頼できる大人につなげることが大切です。本書はそういった困っている人にどのように手をさしのべたらよいのか、また自分自身が大きな悩みをかかえている場合、どのようにしたらよいのかを紹介しています。

本書を通してまわりの困っている人への理解と、また自分自身を助ける知識を身につけていただけることを願っています。

先生がたへ

薬物やお酒、たばこに関する教育において、先生がたはこれまで「ダメ。ゼッタイ。」と10代の子どもたちに伝えてきたことが多いだろうと思います。しかし、専門家として断言します。「ダメ。ゼッタイ。」では絶対にダメなのです。薬物依存症などについて、「子どもたちに伝えてはいけない」「とりあげる必要がない」とタブー視するのではなく、依存する原因や依存症の危険性、治療方法などについて知ってもらい、いっしょに考えていくことが大切なのではないでしょうか。

本書はそのような新しい薬物乱用防止教育の方向性を示す内容になっています。子どもたちやその家族、友だちが依存症になって困っているときに寄りそうために、この本を役立てていただけたら幸いです。

国立研究開発法人 国立精神・神経医療研究センター
精神保健研究所 薬物依存研究部 部長
同センター病院 薬物依存症センター センター長

松本 俊彦

1章 薬物依存症ってなに？

エナジードリンクからオーバードーズに!?

絶対合格
目指せT女子

試験まであと半年……

塾のテストの判定もきびしかったしがんばらないと……!

……でももうこんな時間か……

さすがにねむいな……

ねむかったらこれ飲むといいよ

なかに入っているカフェインが効くみたい

そういえば今日塾の帰りにマアリがくれたエナドリ*……

リナちゃんなら絶対がんばれるよ

*エナジードリンクのことを略した言葉です。

なんだかいつもよりがんばれてる気がする……

えらい私！

この調子でがんばろう！

しかし……

本数を増やしても効き目が弱まってる

日中もなんだかダルいし……

せき止めの薬かあ
ねむ気がなくなり、頭がさえるって書いてある

身近にある！薬物乱用のきっかけ

「薬物なんて、自分はかかわることがなさそう」と思う人もいるかもしれません。
しかし乱用に行きつくきっかけは、身近なところにひそんでいます。

CASE 1

▶ Aさん
▶ 高校2年生

はやっていると聞いて どんなかな？ とやってみた

友だちから「ねぇ、『OD』って知ってる？　はやっているらしいよ」と聞きました。ネットを見たらSNSに、かぜ薬を大量に飲むと気分がよくなるとか、不安感が吹き飛ぶとか、たくさん投稿があって、どんな感じになるのか、一度くらい経験してみようと思って、友だちとやってみました。

たしかにふわっとしたけれど、立ち上がれなくなったし、気持ち悪くなったし、何十錠も飲むのも大変なので、私はもうやらないつもりです。

「オーバードーズ」ってなに？

オーバードーズは一度に過剰な量の薬を飲むことです。「over」は過剰、「dose」は用量という意味で、略して「OD」ともよばれます。不安感がやわらぐなどといわれ、若者を中心に市販薬のODが増えています。決められた量を飲んでいれば安全な薬も、大量に飲めば命を落とす危険があり、社会問題になっています。

市販薬はかんたんに手に入るし、みんながやってるからと、軽い気持ちで乱用をはじめてしまう人が多いんだ。

CASE 2

▶Bさん
▶中学3年生

街で仲よくなった先輩がふつうに大麻をくれた

　親がきらいだったし、家にいても居心地が悪くて、学校から帰ると、毎日、夜おそくまで街をふらついていました。そこでできた仲間とは気が合ったし、話を聞いてあれこれ面倒を見てくれる先輩もいて、とてもたよりにしていました。

　ある日、その先輩から「これやろうぜ」と大麻を渡されたんです。大麻が法律違反であることは知っていたけど、断ったらいっしょに居づらくなると思ってはじめました。そうしたら本当の仲間になれた気がして、やめられなくなりました。

CASE 3

▶Cさん
▶中学2年生

飲むだけで「やせる！」と聞いたので、試してみた

　中学に入ってから、どんどん太っちゃって、体形にコンプレックスをもっていました。いろいろダイエットもしたけれど、うまくいかないし、なにかいい方法がないかなと思っていたら、飲むだけで食欲をおさえ、やせられる薬があるとSNSで知って、これは試さなくてはと手に入れて飲みはじめました。

　副作用のせいか、おなかが痛いし、気持ち悪いけど、たくさんの人が利用しているようだし、やせたいから手放せません。

9

薬物乱用ってなに？

薬は、正しく使えば、病気の症状をやわらげたり、回復を助けたりします。しかし、本来の目的以外で使用したり、処方せんの用量を超えて大量に服用したりするなどといった薬物乱用をすると、依存や中毒をひきおこす可能性があります。

薬の使いかたを守らず、本来の目的以外に使う薬物乱用

薬は、その薬の目的に合わせて、効果的に、安全に使うために、飲む量や回数などの使いかたが決められています。

そうした決まりを無視して使うことを「薬物乱用」といいます。たとえ1回だけの使用でも乱用になります。

どこも痛くないけどスッキリしたいから飲もうっと。

乱用

覚醒剤など、法律で使用が禁止されている薬物を使うことも乱用にあたるよ。

乱用から依存や中毒へ

薬物依存

乱用した結果、薬物を使わずにはいられなくなる状態が薬物依存です。依存症は心の病気です。自分で自分のことがコントロールできず、薬を手に入れるために、ウソをついてしまうこともあります。

薬物がないとイライラしたり不安になったりする心の依存を「精神依存」、薬物が切れたときにダルくなったり手がふるえたりするからだの依存を「身体依存」といいます。

薬物中毒

薬物中毒は乱用をつづけるうちに幻覚が見えるようになったり、妄想にとりつかれたりする状態のことです。臓器のはたらきも悪くなり、薬をやめることができたとしても、さまざまなからだの不調がつづくこともあります。

また、一度の乱用でも、急性中毒をおこすことがあり、パニックをおこしたり、意識を失ったり、ときには命を落とす危険もあります。

薬物の乱用からおちいる薬物依存の悪循環

「ちょっと薬物を乱用したからといって、そんなにかんたんに依存症になることはないだろう」。薬物依存になってしまう人のなかにも、はじめはそう思っていた人がいるはずです。でも、薬物を使ったときに得られる刺激や、気持ちのよさを知ってしまうと、それを求めて乱用をくり返す悪循環におちいってしまうことが多いのです。

一度ハマると、なかなかこの悪循環からぬけ出せません。まだ大丈夫だろうと思っているうちに、気がついたら薬物依存になってしまっているというケースもあります。

薬物の乱用

気分がよくなる

薬物がない状態にたえられず、なんとかして手に入れようとする

もう一度気分のよさを味わいたい

だんだん薬物が効きにくくなって、飲む回数や量が増える

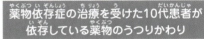

薬を使っていないと不安になったりイライラしたりする

10代の患者が依存しているおもな薬物は?

薬物依存をひきおこす薬物はいろいろありますが、実際に依存症になり、治療を受ける人は、どんなものに依存しているのでしょう。

2016年以降、10代では、街の薬局やドラッグストアでも手に入るかぜ薬などの市販薬がトップになっています。また、SNSの普及により情報が入手しやすくなったことなどから、その割合が年々増加していて、近年は、10代患者の半数以上がおもに市販薬に依存しているという調査結果もあります。

薬物依存症の治療を受けた10代患者が依存している薬物のうつりかわり

年	覚醒剤	大麻	危険ドラッグ	睡眠薬・抗不安薬	市販薬	その他
2014	12.0	4.0	48.0	12.0	0	24.0
2016	16.7	16.7	16.7	16.7	25.0	8.3
2018	14.7	20.6	0	5.9	41.2	17.6
2020	7.7	7.7	0	12.8	56.4	15.4
2022	4.3	10.9	0	6.5	65.2	13.1

＊出典:「全国の精神科医療施設における薬物関連精神疾患の実態調査」(2022年)より。

グラフを見ると、2014年は市販薬に依存して治療を受ける人はいなかったんだね。

でも、ここ数年でかなり増えたんだね。

薬物乱用がひきおこす心身への影響

薬物の乱用にハマってしまうとなかなかぬけ出せず、
くり返し使っているうちに、心身はさまざまな害を受けます。
薬物の種類によってもちがいますが、よくおこる心身への影響を見てみましょう。

薬物の乱用は脳やからだにダメージをあたえる

最悪の場合、命を落とすこともある薬物の害。10代は心身ともにすごいスピードで発達しています。そんな時期に薬物を乱用すると影響が大きく、脳やからだの成長もストップしてしまいます。一度傷ついた脳や臓器は、もとのとおりにはならないことを知っておきましょう。

「脳の成長がストップしちゃうなんて、それは困るよ。」
「うんうん。」
「歯がなくなるなんてイヤだ！」
「これでも害のほんの一例なんでしょ……。」

心身への影響の例

脳
薬物が脳に直接はたらきかけ、脳が萎縮し、思考力や記憶力などが低下する。幻覚、妄想などがあらわれる。

目
視神経に障害がおこり、視力が低下したり、失明したりすることもある。

歯
もろくなったり、ぬけたりする。

心臓
脈が速くなり、血圧も上がり、心臓に負担がかかる。心臓がうまくはたらかなくなることもある。

気管支・肺
粘膜が傷つき、せきやたん、血が出る。

胃・食道
出血や嘔吐をひきおこす。

神経
手足がふるえたり、まひして動かなくなったりする。意識がもうろうとしたり、けいれんをおこしたりすることもある。

腎臓
からだのなかのいらないものや毒素を外に出すはたらきに障害がおき、むくんだり、つかれやすくなったりする。

肝臓
機能障害がおきる。

生殖器
男性の場合は精子の異常や数の減少。女性の場合は生理（月経）不順をひきおこす。赤ちゃんの先天異常など、妊娠や出産にも大きな影響をおよぼす。

幻覚や妄想がおきる

感覚が正常でなくなり、だれかに見られている、悪口をいわれている、たくさんの小人がかくれているなど、ありもしないことを考えたり、幻が見えたり聞こえたりするようになることがあります。また、からだのなかで、なにかが動いているように感じる人もいます。

気持ちが不安定になる

落ちつきがなくなり、少しのことで興奮したり、錯乱状態になったりすることもあります。また、薬がない状態ではイライラして不安になったり、からだの力がぬけたり、無気力になってふさぎこんでしまったりもするため、ふつうの暮らしができなくなっていきます。

思考力・記憶力が低下する

脳がうまくはたらかなくなっていくと、しっかり考えることができず、考えがまとまりません。思考力、記憶力が低下していったり、もの忘れがひどくなったり、正しい判断ができなくなったりします。そのためおかしなことを話したり、おかしな行動をとったりすることもあります。

実在しないものが見えたり、正しく考えることができなかったりして、突発的に事故や犯罪をおこしてしまうこともあるよ。

周囲との人間関係も悪化しやすくなり、信用をなくしたりすることもあるんだ。これも薬物によっておこる害といえるね。

どんな人が薬物依存症になりやすいの？

だれでも、なにかに依存してしまう可能性があります。
薬物依存症も、けっして特別な人だけがなる病気ではありません。
ただ、依存症になりやすいタイプはあるようです。

悩みをひとりでかかえてしまう人は依存症になりやすいところがある

依存症になるか、ならないかには個人差がありますが、その差が生まれる理由に、周囲の環境や、それまでの経験があげられます。

なんでも話せる親しい友だちがいない、親や家族にも悩みを相談できないといった環境は、薬物依存になりやすい環境といえます。悩みも苦しみもひとりでかかえてしまいがちで、なんでもひとりで解決しようとがんばり、追いつめられた結果、薬物にたよってしまうのです。

> つらいけど迷惑かけたくないだれにもいえない……。

> 周囲にたよれる人がいなかったらつらいね。

> うんとつらかったら、私も薬でなんとかしたくなっちゃうかな……。

依存症になりやすい人に見られる特徴

- 孤立した環境 ・つらい経験がある
- 人づきあいが得意なほうではない
- 繊細で傷つきやすい
- 自己評価が低い ・落ちこみやすい
- 人に弱みを見せられない　など

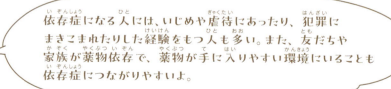

> 依存症になる人には、いじめや虐待にあったり、犯罪にまきこまれたりした経験をもつ人も多い。また、友だちや家族が薬物依存で、薬物が手に入りやすい環境にいることも依存症につながりやすいよ。

きみは大丈夫？ 薬物依存症チェックリスト

「薬物依存症かも……」と気づくことは、回復への第一歩につながります。
下の質問を読んで当てはまるものにチェックしましょう。

＊ここでは「薬物」は、市販薬や処方薬、違法薬物、危険ドラッグのことをさしています。

★このページはコピーして使ってください。

- ☑ 治療目的以外で薬物を使用した。
- ☑ 処方薬を乱用目的で使用した。
- ☑ 一度に2種類以上の薬物を使用した。
- ☑ 薬物を使わずに1週間過ごすことができない。
- ☑ 薬物をやめたくても、やめられない。
- ☑ 記憶が飛んでしまったり、薬物を使用していないのに使用しているような幻覚があらわれたりしたことがある。
- ☑ 薬物を使用することに、後悔や罪悪感を感じたことがある。
- ☑ 親（保護者）が、あなたの薬物使用にぐちをこぼしたことがある。
- ☑ 薬物使用のことで、親（保護者）との間に問題がおこったことがある。
- ☑ 薬物使用のせいで、友だちを失ったことがある。
- ☑ 薬物使用のせいで、家の用事や家族との時間をほったらかしにしたことがある。

- ☑ 薬物使用のせいで、学校や塾でトラブルをおこしたことがある。
- ☑ 薬物使用のせいで、出席停止になったことがある。
- ☑ 薬物を使用して、その影響を受けているときにケンカをしたことがある。
- ☑ 薬物を手に入れるために、違法な行為をしたことがある。
- ☑ 違法な薬物を持っていて、補導・逮捕されたことがある。
- ☑ 薬物の使用をやめたときに、禁断症状（気分が悪くなったり、ひどくイライラしたりすること）を経験したことがある。
- ☑ 薬物使用の結果、記憶喪失やけいれん、出血などを経験したことがある。
- ☑ 薬物問題を解決するために、だれかに助けを求めたことがある。
- ☑ 薬物使用の治療を受けたことがある。

> 依存症になっていても自覚がない人もいるんだ。

チェック数：11〜20 ▶ 重度	▶ すぐにからだや心の不調を相談しましょう。
チェック数：6〜10 ▶ 中度	▶ カウンセリングや治療が必要か相談しましょう。
チェック数：1〜5 ▶ 軽度	▶ 気になることや悩みがあれば、相談しましょう。

＊ひとつでもチェックがついたら、精神保健福祉センター（→40、46ページ）に連絡しましょう。

＊このチェックリストは「DAST-20日本語版の信頼性・妥当性の検討」（日本アルコール・薬物医学会雑誌.50(6):310-324,2015）を参考に作成したものです。

2章 どんな薬物があるの？

薬物の種類を知ろう

覚醒剤や大麻などの違法薬物や、危険ドラッグだけでなく、市販薬や嗜好品としてごくふつうに売られているものでも乱用をつづけていれば、依存症になってしまうことがあります。どんなものが乱用・依存につながるのかを知り、注意しましょう。

乱用・依存をひきおこすさまざまな薬物

薬物を使って、イヤな気分を変えたり、気持ちを楽にしたり高めようとしたりすることが、薬物乱用や薬物依存をまねきます。じつは、お酒にふくまれるアルコールや、たばこにふくまれるニコチンも、こうした薬物のひとつです。また、かぜ薬などの市販薬やカフェインも、そのような目的で使われることがあります。世のなかにある多くの薬物が、乱用・依存につながる危険性をもっています。

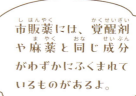

えー、お酒やたばこのなかに薬物の成分が入ってるってこと!?

市販薬には、覚醒剤や麻薬と同じ成分がわずかにふくまれているものがあるよ。

市販薬・処方薬

- かぜ薬
- せき止め
- 痛み止め
- 処方薬
（睡眠薬や抗不安薬など）

※せき止め、痛み止めも処方されることがあります。

からだを治すための薬もまちがった使いかたをすると、依存症になる危険があるんだよね。

身近に買える飲食物など

- コーヒー
- 紅茶
- エナジードリンク
- 栄養ドリンク
- 健康食品・サプリメント
- お酒（※20歳になってから）
- たばこ（※20歳になってから）

※コーヒーや茶類、エナジードリンクにふくまれるカフェイン、お酒にふくまれるアルコールや、たばこにふくまれるニコチンは依存性が高いものです。

ふつうに買えるし、あんまり危険な感じはしないね。

ふだん飲んでいるもののなかにも依存症をひきおこすものはあるんだ。でも、適量を守り、決められたとりかたをしていれば大丈夫だよ。

エナジードリンク、けっこう飲んじゃってたかも……。

違法薬物

- 覚醒剤
- コカイン
- 大麻
- 麻薬（ヘロイン）
- 合成麻薬（MDMAやLSDなど）
- マジックマッシュルーム
- 危険ドラッグ

病院で出してもらう薬でもないし、薬局やドラッグストアで売っている薬でもないものは、違法薬物だね。シンナーなどの有機溶剤（→26ページ）も、使いかたによっては依存症をひきおこしやすい危険なものだよ。

じつは危険！
乱用・依存をひきおこしやすい市販薬

街の薬局やドラッグストア、ネットで買えて、だれでもかんたんに手に入れられる市販薬。
具合が悪くなったときに、すぐに利用できて便利です。
だからこそ、正しい使いかたをすることが大切です。

かんたんに手に入るので乱用につながりやすい

かぜかなと思ったらかぜ薬、せきが止まらなくて困ったらせき止めというように、市販薬は症状をよくするための薬です。でも、その薬のなかには少量ですが、覚醒剤のように神経を興奮させる薬物や、麻薬のように気分をよくする薬物などが入っています。

手に入りやすいため飲むのに抵抗感や罪悪感が低く、また大量に買うこともできてしまうので、乱用・依存をひきおこしやすいと問題になっています。

たとえば……
・かぜ薬
・せき止め

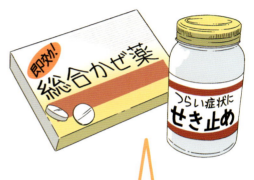

かぜ薬やせき止めの過剰摂取による影響

かぜ薬やせき止めなどは、症状をやわらげ、気持ちを落ちつかせてくれる薬です。しかし、大量に使いつづけると、意識が混乱したりうすれたりするなど、違法薬物を使ったときの感覚に近い症状があらわれる場合があります。

薬局やドラッグストアでは乱用のおそれがある薬は、購入者が20歳未満の場合、氏名や年齢を確認し、原則ひとつしか販売してはいけないことになっているよ。けれどなかなか守られていないんだ。

薬って、多めに飲んだら早くよくなるのかと思ってた。危なかった……。

わかる。早く治したいしね。

処方薬より依存性の高いものもある

街で手に入る薬のほうが、病院でもらう処方薬よりおだやかな効き目で、安心して飲めるような気がするかもしれません。でも、市販薬のなかには、ねむ気やダルさをおさえる薬として売られているカフェイン錠のように、依存性がとても高い薬もあります。また、市販薬は効果を高めるためにさまざまな薬物がふくまれているため、それらがたがいに作用しあって依存性が高まることもあります。（処方薬と市販薬のちがい→21ページ）

カフェインの過剰摂取による影響

カフェインは、脳を興奮させて、脳のはたらきを活発にする薬物です。飲むと目が覚め、一時的につかれがとれたように感じます。でも、決められた量を守らずに使いつづけると神経のバランスがくずれ、効果が切れると、まったくやる気が出ず、からだもダルくなってしまうことがあります。一度の過剰摂取で心臓が止まってしまうこともあります。

※15歳以下のカフェイン錠の服用は禁止されています。

市販のカフェイン錠は1錠でコーヒー1杯分、種類によっては3～4杯分に相当するカフェインがふくまれているものもあるよ。だから過剰に摂取すると、中毒をおこす危険があるんだ。

カフェインのとりすぎって、こわいんだね。

SNSで広がるオーバードーズ

自分がオーバードーズをするようすをSNSに投稿する人が増えています。投稿に共感してくれ、痛みをわかりあえる人とつながりができ、オーバードーズの仲間が広がっていきます。こうしてできた仲間とたがいに乱用をくり返してそのようすを投稿しあったり、薬をたくさん飲むと仲間から尊敬されたりすることから、回数や量が増え、依存症になるケースがあります。

そんなに飲んだの？すごいね！！
わかる！私も同じだよ。
〇〇が効くらしいよ。

じつは危険！ 乱用・依存をひきおこしやすい処方薬

病院で診察を受けたときに、医師が出してくれるのが処方薬です。
病気や心身の不調を改善するために出されますが、
医師の指示を守らず乱用すると、からだに悪い影響をあたえます。

処方薬からも依存症がひきおこされる

病院や薬局でもらった処方薬も、乱用すれば依存症をひきおこします。とくに乱用されることが多いのは、依存性の高い成分がふくまれている睡眠薬と抗不安薬です。

長く飲みつづけていると、だんだん効果がうすれてくることもあり、自分の判断で勝手に薬の量を増やしてしまったり、症状がよくなっているのに薬がないと不安でたまらず、いつまでも飲みつづけたりしてしまいます。

●睡眠薬
睡眠薬は、うまくねむれない人の症状をやわらげる薬。睡眠導入剤ともいわれます。大量に飲むと命を落とす危険な薬ということは知られていますが、薬がないとねむれない、もっと時間をかけずねむりたいと、飲みつづけたり、量を増やしたり、強い薬を求めたりする人も多く、依存につながりやすいです。

●抗不安薬
不安や緊張をやわらげ、気持ちを落ちつかせる薬です。精神安定剤ともいわれ、薬を飲むと、ぼーっとしたり、ダルくなったり、ねむくなったりすることもあります。依存性の高い成分がふくまれていて、不安感から逃れるために量を増やしたり、ほかの薬をあわせて使ったりと、乱用されることが少なくありません。

抗不安薬も長期で服用すると、同じように依存症になるよ。

睡眠薬の依存症になる例

不安でねむれない。

↓

精神科、心療内科、内科などを受診

↓

つらい症状をやわらげるために処方される。

薬を服用

↓

薬があれば大丈夫。症状が改善

↓

効果がうすれてきて、たくさん飲まなきゃ不安。薬がないと不安。

↓

薬にたよりきってしまい、やめられなくなる。

処方薬と市販薬のちがい

処方薬(医療用医薬品)	市販薬(要指導医薬品・一般用医薬品)
《とりあつかい》 医師が患者を診察して出した処方せんにもとづいて薬剤師が調合した薬。通販では買えない。	《とりあつかい》 一般の人が自分の判断で、薬局やドラッグストアなどで買える薬。要指導医薬品以外は通販でも買える。
《効果・効能》 ほとんどの医薬品が単一の成分でできているので、効き目が強い。	《効果・効能》 ひとつの製品に複数の成分が配合されていることが多いので、処方薬にくらべて効き目がおだやか。

一部の市販薬は処方薬と変わらない成分がふくまれていて、副作用の大きさで、要指導医薬品、第1〜3類医薬品に分かれているよ。薬局やドラッグストアの薬剤師さんに確認してね。

⚠ 処方薬をもらったりあげたりするのはやめよう

処方薬は本来、医師に処方してもらわなければ手に入りません。でも、乱用する人のなかには、ほかの人からゆずってもらったり、密売人から買ったりする人がいます。

薬を売るには許可が必要です。勝手に売ると「医薬品医療機器等法(薬機法)*」に違反し、睡眠薬や抗不安薬を勝手に人にあげたり転売したりすることは「麻薬及び向精神薬取締法」違反にもあたります。処方薬は処方してもらったその人だけのもの。勝手にやりとりするのは犯罪にあたります。

*「医薬品医療機器等法(薬機法)」の正式な名称は「医薬品、医療機器等の品質、有効性及び安全性の確保等に関する法律」といいます。

じつは危険！ 乱用・依存をひきおこしやすい飲食物

薬として売られていないものにも、依存性のある成分がふくまれていることがあります。警戒せず多量に使用することで、気づかぬうちに依存している人もいます。

多くの人が飲んでいるものにも依存をひきおこすリスクが

コーヒーや緑茶、紅茶など、多くの人が毎日のように飲んでいるものにもカフェインがふくまれています。夜、コーヒーやお茶を飲むとねむれなくなる人がいるのは、カフェインのせいです。

19ページでも説明したように、カフェインは依存性がとても高い成分です。エナジードリンクはとくにカフェインを多くふくむので、飲みすぎないように注意したほうがいいでしょう。

試験前にはこれだよね。

エナジードリンクを飲む

10代のうちは脳がカフェインの刺激に敏感だといわれていて、エナジードリンクを飲むのに年齢制限をしている国もあるんだよ。

もう1本飲もう！

カフェインで快調！

なんだかダルい……。

また飲まなくちゃだめだ。

カフェインでごまかしていたつかれがどっとおしよせる

22

お酒やたばこにも依存しやすい成分がふくまれている

お酒やたばこは20歳になるまで買えず、飲んだり吸ったりすることも禁じられています。でも、10代で乱用する人がたくさんいます。それを大目に見てしまう大人も多いのですが、お酒やたばこにふくまれるアルコールやニコチンが成長中の脳やからだにあたえる影響は大きく、ほかの薬物乱用をするきっかけにもなっています。
（→『お酒・たばこ』の巻 12、34ページ）

お酒を飲みはじめる年齢が若いほど、依存症になる可能性が高いという研究結果もあるよ。

健康食品やサプリメントにも注意！

ダイエットや栄養補給など、健康づくりを目的とした健康食品やサプリメントにも依存をひきおこしやすい成分がふくまれています。長期に服用することで、肝臓や腎臓などに障害がおこることがあるので、注意が必要です。

健康になりたくて飲んだものなのに、かえって体調が悪くなるなんて……。

カフェインは一日にどのくらいとってもいい？

カフェインを大量に摂取すると中毒症状をおこします。その影響には個人差があるため、日本では摂取量の目安は決められていませんが、ヨーロッパなどでは妊婦をのぞく健康な大人で一日400mg以下とされています。コーヒーや紅茶を楽しんでいるだけなら心配はありませんが、一日に合わせてどのくらいの量をとっているか、ときどき確認してみるといいでしょう。

100mLにふくまれるカフェインの量

- コーヒー 約60mg
- 紅茶 約30mg
- 煎茶 約20mg
- ほうじ茶 約20mg
- コーラ 約10mg
- エナジードリンク 約32〜300mg

10〜12歳の子どもは一日85mgまで、13歳以上の青少年は体重50kgなら一日125mg（一日2.5 mg/kg）までが目安とされている国もあるよ。

市販のかぜ薬や痛み止めには、カフェインが入っているものも多くあります。薬には成分の量が書いてあるので、確認してみましょう。エナジードリンクにもカフェイン量が表示されています。

1本飲みきったらだめなエナジードリンクもあるかも……。

知っておこう！ 依存症になる危険な薬物

法律で使用などがきびしく規制されている薬物を「違法薬物」とよびます。種類も多く、心身にあらわれる症状もそれぞれ異なりますが、一度習慣になってしまうと、もとの状態にもどるのはむずかしいため、近づかないようにしましょう。

薬物は脳への影響のちがいで3つに分けられる

● **アッパー系（中枢神経興奮薬）**
脳を興奮させて活発にはたらかせる。
カフェイン、ニコチン、覚醒剤、コカイン、MDMAなど。

● **ダウナー系（中枢神経抑制薬）**
脳のはたらきをおさえまひさせる。
アルコール、睡眠薬、抗不安薬、ヘロイン、大麻、あへん系麻薬など。

● **サイケ系（幻覚薬）**
五感に影響して幻覚を見せる。
MDMA、LSD、大麻、マジックマッシュルームなど。

覚醒剤

隠語 シャブ、スピード、エス、アイス、チョーク、クリスタル、白、氷など

脳を興奮させる強い覚醒作用をもつ薬物で、乱用するとねむ気や疲労感がなくなり、頭がさえ、幸せな気分になります。でも、効果は長くつづかずはげしいダルさにおそわれるので、またすぐに、くり返し使うことになり、依存していきます。

怒りっぽくなったり、暴力をふるうようになったり、極度にやせたり、思考力や記憶力が低下したり、幻覚や妄想がおこったりすることがあります。また、使うのをやめても、何年もしてから使っていたころの精神状態になる「フラッシュバック」がおこって悩まされることがあります。

違法薬物は、その名前を出さずに「隠語」でよばれることが多いよ。そのほうが危険だって気づかれにくいしね。

なるほど、アイスあるよっていっててもあやしく思わないよね。

コカイン

隠語 コーク、スノウ、クラック、ブロー、ロック、シーなど

コカの葉からつくられた麻薬です。気分が高まり、力もみなぎる感じがして、感覚もとても過敏になります。使用後すぐに効き目があらわれますが、効果がつづく時間は短く、一日に何度も使用するようになります。

乱用で被害妄想になり、人が信じられなくなったり、暴力的になったりすることもあります。つづけると、食欲の低下から栄養失調になったり、皮膚の下を小さな虫が動きまわるような気持ちの悪さを感じたりする人もいます。

大麻

隠語 マリファナ、ハシシュ、クサ、ハッパ、チョコ、グラス、ジョイント、ガンジャ、野菜など

大麻草を乾燥させたものをマリファナ、樹脂をかためたものをハシシュといいます。オイル状にしたものもあります。使うと五感がとても敏感になり、時間や空間の感覚がおかしくなるのでパニックをおこすことも。

くり返し使うと、動作や記憶に障害がおき、学習能力が低下することもあります。自分では気がつかないうちに依存していることが多く、大麻を入口として、より強い刺激を求めてほかの依存性の高い違法薬物に手を出すこともあります。

あへん系麻薬（ヘロインなど）

隠語 ペー、ジャンク、エイチなど

あへん系麻薬は、ケシを原料とする薬物です。ヘロインは白い粉末の麻薬で、乱用するとふわふわしてとても幸せな気分になりますが、同じ薬の量ではすぐに効果がなくなり、だんだん乱用する量が増えていきます。

依存性がとても高く、薬が切れると、鳥肌が立って寒気がし、全身がバラバラになるようなはげしい痛み、けいれん、不安感など、つらい症状におそわれます。この状態がつづくと、精神に異常が生じ、回復がとてもむずかしくなります。

MDMA

隠語 エクスタシー、バツ、タマ、エックスなど

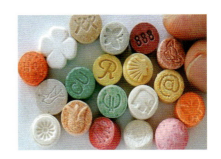

メチレンジオキシメタンフェタミンという名前の合成麻薬です。カラフルな錠剤型で売られ、麻薬とは思えない見た目ですが、覚醒剤と同じような強い作用があり、幻覚をおこします。体温調節のはたらきを低下させるため高体温になり、一度の大量摂取で命を落とすことも。

飲むだけで食欲をおさえ、やせられると聞いて、乱用する人が増えました。長期間の乱用で、不眠や被害妄想などをひきおこします。ほかの薬物が混ぜられているものもあり、とても危険です。

LSD

隠語 ペーパー、タブレット、アシッド、カミ、エル、フェニックス、ドラゴンなど

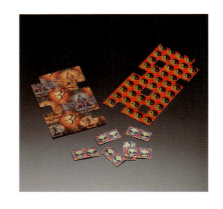

幻覚をおこす合成麻薬です。無色で、においもなく、味もしません。薬物を染みこませた紙片や、錠剤、カプセルなどがあります。幻覚作用がとても強く、色とりどりの光が見えたり、ものがゆがんで見えたりします。

違法薬物のなかで最も強力ともいわれ、ほんのわずかな量でも効果があらわれ、幻覚が何時間もつづきます。乱用をつづけると錯乱状態になり、統合失調症などの症状をひきおこすこともあります。

有機溶剤（シンナー、トルエン、接着剤など）

隠語 アンパン、ジュントロなど

有機溶剤は物質をとかす性質をもっている有機化合物のことをいいます。シンナーは塗料のうすめ液などに使われるもので、有機溶剤のひとつです。接着剤やペンキにも同じ成分が入っています。

蒸発しやすく独特のにおいがし、それを大量に吸いこむと、あっという間に脳のはたらきがまひします。歯がとける、視力の低下、幻覚、意識障害と、さまざまな症状が出て、成長期の10代では、背がのびなくなったり、筋肉がおとろえたりすることも。命を落とすことも少なくない薬物です。

マジックマッシュルーム

強い幻覚作用をひきおこすキノコ類で、以前は植物として規制を逃れ、市販されていました。今は麻薬原料植物に指定されています。食べたときに興奮や幻覚などの症状があらわれるほか、かなり時間がたってからふたたび幻覚などを見る「フラッシュバック」がおこることも。キノコの種類や食べる人によって効きかたがちがい、ほんのひと口で、強い幻覚作用がおこる場合もあります。

乱用されるのは、おもに乾燥させたものです。多くの種類があります。

危険ドラッグってなに？

危険ドラッグとは、覚醒剤や麻薬と似たようなはたらきをする成分を、植物片や液体、粉末などに混ぜたもので、「合法ハーブ」「合法アロマ」などと称し、おしゃれなパッケージなどで安全であるかのように見せかけて販売されています。

心身への影響は覚醒剤や麻薬と変わらず、それどころかより危険な成分がふくまれていることもあり、死亡例もたくさんあります。

グミなどのお菓子、お香、ハーブ、アロマオイル、バスソルトなどとして売られています。

大麻が使用できる国もあるの？

日本では法律で禁止されている大麻も、海外では使用が認められている国があります。ルールが異なるのは、薬物をとりまく歴史や環境、薬物規制の考えかたのちがいによるもので、けっして安全だからという理由ではありません。また、それらの国でも、未成年の所持や使用は有害性の影響が大きいため、禁止されています。

海外で許されているから「大麻には害はない」と考える人もいるけれど、10代から使用した場合、心身の健康被害が生じやすいことははっきりしているよ。

カナダなら18歳以上は

＊出典：24～27ページの写真はすべて厚生労働省「麻薬・覚醒剤・大麻乱用防止運動」「薬物乱用」パンフレットより。

これって違法？

大麻を持っているだけでも罪に問われるの？

ある日Aさんは、いつも遊んでいる年上の友だちから「ちょっと預かっていてほしい」と袋を渡されました。念のため中身がなにか聞くと、大麻だといわれました。友だちは「使わずに持っているだけなら、ぜんぜん大丈夫だから」といいますが、なんだか不安です。本当に、持っているだけなら、罪にならないのでしょうか。

⚠ たとえ使わなくても……

答えは、日本では持っているだけでアウト！罪に問われてしまいます。大麻は、手に入れたり、持っていたり、販売したりするだけで法律違反。自分が使わなければ問題ないと考える人もいますが、それはまちがいです。友だちや先輩など、仲のいい人から渡されそうになっても、受け取ってはいけません。

⚠ 栽培するだけなら……

栽培するだけでもアウト！日本では、都道府県知事または厚生労働大臣の免許を受けた大麻草栽培者（大麻草採取栽培者、大麻草研究栽培者）のみが大麻の栽培を許可されています。それ以外の人の栽培は法律で禁止されています。栽培を許可されている人も、栽培している大麻を盗まれてしまった場合は、その責任を問われることになります。

薬物を規制する法律

薬物の乱用は、心身に大きなダメージをあたえます。薬物を手に入れようとして、また、薬物がおこす幻覚などの症状から、罪を犯してしまう人もいます。個人の心身の健康、そしてみんなが安心して暮らせる社会を守るため、薬物を規制する法律があります。

覚醒剤 ▶覚醒剤取締法

- 使用したり所持したり、もらったりあげたりすると
▶▶10年以下の懲役

- お金をかせぐことを目的として、所持したり、もらったりあげたりすると
▶▶1年以上の有期懲役、状況により同時に500万円以下の罰金

- 製造したり、輸入や輸出をすると
▶▶1年以上の有期懲役

- お金をかせぐことを目的として、製造したり、輸入や輸出をすると
▶▶無期もしくは3年以上の懲役、状況により同時に1000万円以下の罰金

大麻・MDMA・LSD・コカインなど ▶麻薬及び向精神薬取締法

- 使用したり所持したり、もらったりあげたりすると
▶▶7年以下の懲役 ※ヘロインは10年以下の懲役

- お金をかせぐことを目的として、所持したり、もらったりあげたりすると
▶▶1年以上10年以下の懲役、状況により同時に300万円以下の罰金
※ヘロインは1年以上の有期懲役、状況により同時に500万円以下の罰金

- 製造したり、輸入や輸出をすると
▶▶1年以上10年以下の懲役
※ヘロインは1年以上の有期懲役

- お金をかせぐことを目的として、製造したり、輸入や輸出をすると
▶▶1年以上の有期懲役、状況により同時に500万円以下の罰金
※ヘロインは無期または3年以上の懲役、状況により同時に1000万円以下の罰金

大麻草 ▶大麻草の栽培の規制に関する法律

- 育てると
▶▶1年以上10年以下の懲役

- お金をかせぐことを目的として育てると
▶▶1年以上の有期懲役、状況により同時に500万円以下の罰金

※ほかに21ページでも紹介した「医薬品医療機器等法(薬機法)」という、市販薬や処方薬、化粧品などを安全に使うための法律もあります。
※大麻に関する法律は、2023年12月13日に公布された「大麻取締法及び麻薬及び向精神薬取締法の一部を改正する法律」に合わせたものです。

使ったり、持ったり、販売したりすると、どんな薬物もきびしく罰せられるよ。

3章 薬物依存症にならないためには

処方薬・市販薬の正しい使いかたを身につけよう

医師から処方される薬も、身近で手に入りやすい市販薬も、使いかたによっては依存症をひきおこすものです。ここで紹介しているポイントをよく読んで注意しましょう。

薬の正しい知識を身につけて自分を守ろう

病気になったとき、ケガをしたとき、回復するのを助けてくれる薬。これを正しく効果的に使うためには薬の知識が必要です。

まず大切なのは、その薬にはどんな効果があるのか、どんな副作用があるのかを知っておくこと。市販薬なら説明書をよく読んで、処方薬なら医師によく話を聞いて、まちがった使いかたをしないように気をつけましょう。

薬を使うときに気をつけるポイントは大きく4つ！覚えておいてね。

ポイント① いつ飲むか

薬は飲むタイミングが大切です。毎食後、夜ねる前、痛くなったときなど、指示されているタイミングで飲みましょう。そうしないと、効き目が悪くなったり、副作用が出たりすることがあります。また、飲み忘れたからといって、次の回に2回分飲むのはだめ。どうすればいいか、医師や薬剤師に聞きましょう。

ポイント② どのくらい飲むか

薬をどのくらい飲めば安全で効果的に使えるかは、さまざまな実験をしたうえで決められています。1回に飲む量や、一日に飲む回数、どのくらいの期間飲んだらいいのか、指示を守りましょう。勝手に量を増やすことは危険です。

一日3回 2錠ずつ

ポイント③ 飲み合わせ

　同じ時期に飲む薬や、食べものにも注意が必要です。いっしょにとることで、薬が強く効きすぎたり、逆に効かなくなったり、副作用があらわれて具合が悪くなったりすることもあります。飲んでいる薬や、サプリメントなどがあれば、あらかじめ医師や薬剤師に相談しましょう。

ポイント④ 薬のやめかた

　症状が改善してきたと思っても、自己判断で急に飲むのをやめてしまうと、かえって症状が悪化してしまう場合があります。必ず医師の指示にしたがうようにしましょう。

「飲む量もやめるのも、お医者さんの指示にしたがってってことね。」

「薬は、水やぬるま湯で飲むことも大切なんだ。お茶やジュース、牛乳などは、入っている成分が薬と合わないこともあるからね。」

お薬手帳を利用して管理しよう

　お薬手帳は、今まで使った薬を記録するもので、いつどこの病院にかかって、どんな薬をどれくらい使ったかがわかります。かかった病気や自分の体質も記録でき、医師や薬剤師が、薬の量や飲み合わせなどをチェックできます。事故や急病のときにも治療の助けとなるので、飲んだ市販薬やサプリもそのたびに記録しておくといいでしょう。

お薬手帳は全国の処方薬をあつかう薬局で無料でもらえます。ひとり1冊にまとめておくことが大切。スマートフォンで使えるお薬手帳のアプリもあります。

薬局での年齢確認

　市販薬はだれでも自由に買える薬ですが、若者のオーバードーズが増えていることから、乱用されることの多いかぜ薬やせき止めなどは、かんたんには大量に買えないようになりました。20歳未満には、大容量のものや複数の販売は認められません。必要に応じて、氏名、年齢、ほかの店での購入履歴、たくさん買うときにはその理由などが確認されます。

「何歳ですか？お名前は？」

違法薬物と出合わないようにするために

街の薬局やドラッグストアでは売られていない違法薬物とは、出合う機会は少ないはず。出合わなければ、乱用し依存症になることもありません。
自分からすすんで近づいていかないよう注意しましょう。

危険な場所に近づかない

違法薬物が出まわっているのはどんなところでしょう。夜の繁華街や公園などには、いろいろな人たちがいます。なかには薬物をすすめてくる人もいるかもしれません。心が弱っているときは、薬物の依存もしやすくなっています。薬物乱用にひきこまれる危険も高まるでしょう。

また、夜に子どもが出歩いていれば、だまそうとして、悪い人が声をかけてくることもあります。夜はできるだけ出歩くのをやめましょう。

経験の浅い子どもは、大人にくらべてだましやすいから、悪い人たちがねらっているよ。
子どもだけで夜出歩くのは危険だね。

ふだんの生活では知り合わないような大人の人たちに、薬物をすすめられるかもしれないよね。

たしかに……。
いろんな人がいるから気をつけないとね。

ネットで知り合った人に すすめられても乱用しない

ネット上は、相手がどんな人かわかりません。さまざまな相談をし、親身になってくれた相手でも、じつは覚醒剤の常習者だったりすることも。会うのはもちろん、メッセージでも薬物をすすめられたらきっぱりと断り、つきあいをやめましょう。

親しい人やあこがれの人からの さそいでものらない

薬物へのさそいが、とても仲のよい友だちやあこがれの先輩からだったら、断りにくいと思うかもしれません。

でも、一度でもさそいにのってはだめ。何度もさそわれる場合は、信頼できる大人や、専門の相談窓口（→46ページ）に相談しましょう。

SNSでも悩み相談ができる

周囲の人にはいえない悩みを聞いてくれる団体があります。厚生労働省の「まもろうよ　こころ」というサイトでは、コミュニケーションアプリなどのSNSやチャットで相談ができます。悩みをひとりでかかえていると、薬物の依存にひきこまれやすくなるので、人間関係のことなどつらいことを相談してみましょう。

心に大きな悩みをかかえていると、薬物乱用にひきこまれやすいんだ。薬物を使おうとする前に、悩みを打ち明けるといいよ。親や学校の先生にいえないときはSNS相談などをたよってね。解決の糸口が見つかるかもしれないよ。

薬物の上手な断りかた

もしも、友だちからいっしょにあやしい薬を飲んでみようとさそわれたら……。
もしも、みんなで遊んでいるときに薬物の乱用にさそわれたら……。
そんなことがないとはいいきれません。断りかたを知っておきましょう。

上手な断りかた

だれかにさそわれて薬物を乱用してしまう人も多くいます。うまく断れず、一度くらいならいいかと思ってはだめ。きっぱり断ることができないときには、話題を変えるのもいい方法でしょう。まよっていると、さらに強くさそわれてしまいます。相手が気を悪くしそうであっても、とにかく断ることが重要です。

いつも自分自身を守れるようにしよう。

断りかた① 話題を変える

これ、はやってるらしいよ。みんなやってるし、やってみようよ。

ごめん。今は推しに夢中だから。それにぜんぜん興味がわかないし、やってる時間もないよ。

はやっているからとさそわれることもあります。興味がないことをはっきり伝えましょう。ほかに気になっていることなどの話題を出すといいかもしれません。

断りかた② きっぱり断る

おいしいよ、ちょっと飲んでみる？ひと口くらい平気だろ。

いらないよ。ひと口でも法律違反だからね。

大人から、軽い気持ちでお酒やたばこをすすめられることがあるかもしれません。きっぱりいらないと断りましょう。

断りかた ③ その場から離れる

断るとともに、なるべく早くその場から離れることも大切です。いろいろな言い訳をしても、おしきられてしまいます。

> そうか、うまく断れなければ、急いでその場から離れちゃってもいいよね！

断りかた ④ 危険なことを相手にも知らせる

相手はいいことと思って、さそってくることもあります。自分の気持ちを伝え、危険なことを相手にも知らせるといいでしょう。

> 相手のことも心配してるって伝えるのはいいね。

断りかた ⑤ 断る言葉を用意しておく

- これをいっしょに試してみようよ。
- もともと薬のアレルギーがあって、どうなっちゃうか、こわいからやめておくよ。
- ごめん……、急におなかが痛くなっちゃった……。
- テレビでその薬のことを見たけど、大変なことになるんだよ。やめておいたほうがいいよ。
- バレたら部活が活動停止になっちゃうよ。みんなに迷惑かけられないよ。

断りかたはいろいろあります。もしものときにそなえて自分に合った断りかたを考えておきましょう。

> 断る言葉がすぐ出なければ、首をふったりして動作で示してもいい。自分は絶対にしないという、強い意志をもつことが大切なんだ。

ネットリテラシーを身につけよう

リテラシーとは、あることに対する知識、また、それを活用する力のことです。さまざまな情報、さまざまな商品があふれているネットを上手に利用するには、正しいものと、まちがったものやあやしいものとを見分ける力が必要です。

あやしい商品にだまされない

家にいながら買い物ができる便利なネットショッピング。ただ、実際の商品を手にとることができず、示された情報だけをたよりに買うことになるため、知らずに違法な薬物がふくまれている商品を買ってしまう人もいます。

また、ネット広告はきちんと審査がされていないため、あやしい会社のものもたくさんあります。その気はなくても画面に出てくる広告から、そんなあやしい販売サイトに行ってしまうことも……。少し興味がわいたからといって、気軽に開いたりしないようにしましょう。

> あやしい商品にだまされないためには、どんな会社が売っているのか、その会社が本当にあるのか、どんなことをしている会社なのかなどを調べてみるのもいいんだ。

> 連絡ができるメールアドレスや電話番号、住所が書かれているか、まずは確かめてみよう。

インターネットを利用した薬物犯罪が増えている

多くの人がインターネットを利用するようになり、以前は繁華街などでおこなわれてきた薬物の売買も、SNSを通じてかんたんに薬物密売サイトへアクセスできるなど、薬物がより手に入りやすくなっています。販売者がだれなのかがわかりづらく、犯罪を取りしまるのがむずかしいこともあって、ネットでの薬物販売はなかなかなくなりません。もし販売者がつかまったら、購入した人も罪になります。

中学生や高校生が手を出しやすい隠語で購入をさそいます。

ウソの情報にだまされない

インターネットでは、おもしろ半分にウソの情報を投稿したり、自分の利益のためにまちがった情報を流したりする人もいます。そして、それを信じてしまう人もいて、あっという間に情報が拡散してしまいます。

薬物に関しても、「大麻なら安心」といったまちがった情報があふれています。その情報は、もともとどこから流れたものなのかを確認し、不確かな情報、ウソの情報にだまされないようにしましょう。

> えっ!?
> 大麻は安全なの？
> 早くみんなに知らせなくちゃ！

> え〜、これ本当かな。
> どこから出た情報なんだろう……。

> いいことをするつもりで、まちがった情報を広める手伝いをしてしまうこともある。少しでもあやしいと思った情報は、広めないことも大切だよ。

> ウソだったの!?って話がいっぱいあるよね。

> まちがいに気づいたら、すぐに取り消さなくちゃだね。

危険ドラッグを販売しているサイトに注意！

危険ドラッグ（→27ページ）を販売しているサイトは、「合法アロマ」「合法ハーブ」などと表示していたり、見た目もお香やバスソルトに似せて売っていたりする場合があります。「この商品には規制されている成分はふくまれていません」と書かれていたり、パッケージもカラフルできれいな印象だったりしますが、中身は売っている側もわからない危険な薬物の可能性もあります。「安心」や「合法」の言葉を信用してはいけません。

危険ドラッグの特徴

- パッケージは手のひらサイズのチャック付きビニール袋。品名と派手な絵柄が描かれているものが多い。
- 中身の形状は「乾燥植物（ハーブ系）」「液体（リキッド系）」「粉末（パウダー系）」などがあり、香料のにおいがすることがある。

＊出典：東京都保健医療局より。

自分が家族が 薬物依存症かもしれないと思ったら

気がついたら薬を飲むことがやめられなくなっていた……。家族のようすがおかしい……。自分が、あるいは家族が薬物依存症ではないかと思ったら、とても不安なはずです。ひとりでかかえず、信頼できる相手に相談しましょう。

信頼できる大人に相談しよう

薬物依存症かもしれないということをだれかに相談するのは、とても勇気のいることです。でも、だれかいっしょに考えてくれる人を見つけることが、回復につながります。ひとりで悩まずに、なるべく早くまわりの大人に相談しましょう。

ただし、相談する相手はよく考えて。ただ頭ごなしに怒るだけの人や、自分の意見をおしつける人はさけ、話をしっかり聞いてくれそうな人、自分が信頼できる人を選ぶことが大切です。

スクールカウンセラー

親

担任の先生

部活動の顧問の先生

だれに相談するかはむずかしい問題だね。はじめは「よくねむれない」など、ちがう相談をして、ようすを見るのもいい方法だよ。

いつもえらそうにしている人は、こっちの話を聞いてくれなさそうだよね。

スクールカウンセラーは、悩みを聞いてくれる専門家だからいいかも……。

自分の場合

依存症の可能性が高い場合は専門の窓口に相談しよう

　生活にとても悪い影響が出てきているのにやめられなかったり、自分でも自分らしくないことをしていると思ったりしたら、依存症である可能性が高いです。専門家のいる窓口に相談したほうがいいでしょう。地域の「保健所」や「精神保健福祉センター」なら、だれでも無料で相談することができます。勇気を出して、まず電話をしてみましょう。（精神保健福祉センター→40、46ページ）

家族の場合

家族だけの問題にせず精神保健福祉センターに相談する

　兄弟や親が薬物依存症かもしれないと思ったら、とても心配だし、不安です。だれにも知られないように、家族だけでなんとかしようと考える人も多いでしょう。でも依存症は、家族の力だけでは治すのがむずかしい病気です。
　依存症にかかわる機関はいろいろありますが、医療機関の場合、本人の受診を求められることが多いため、家族の相談先としてはまず、精神保健福祉センターへできるだけ早いうちに相談しましょう。

周囲に知られないように家族だけで解決しようとすればするほど、状況は悪化し、家族みんながまきこまれてしまいます。

家族の部屋で違法薬物らしきものを見つけたり、使用しているところを見てしまったりしたときに、「相談したら逮捕されてしまうかもしれない」と心配になるかもしれない。でも専門機関の職員には秘密を守る義務があるんだ。だから安心して相談してみよう。

精神保健福祉センターとは

　心の健康にかかわる問題を専門的にあつかっている公的機関です。相談料はかかりません。各都道府県と政令指定都市に1か所以上設置されていて、「こころの健康センター」などのよび名のところもあります。依存症対策の中心となっており、家族の薬物依存症の相談にもしっかり対応してくれ、相談の内容は秘密にしてくれます。

病気というほどでもないと感じる場合でも、自分自身のことではないけれど……という場合でも、まずは相談してみたほうがいい。「なんだか変だ」「助けてほしい」「困っている」などと声を上げることが大切なんだ。

精神保健福祉センターがしてくれること

本人への対応
依存症の専門家が、話を聞き、回復のための支援をしてくれる。認知行動療法（→42ページ）を中心にした治療・回復プログラムをおこなっているところもある。

家族への対応
本人の状態を聞き、対応のしかたや受診のうながしかたのアドバイスをしてくれる。正しい知識と対処法を学べるよう、家族のための勉強会なども開いている。

治療施設などほかの専門機関との連携
回復や自立に向け、必要に応じて、治療施設や役所の窓口などを紹介してくれる。

＊精神保健福祉センターのくわしい情報は46ページへ。

場合によっては医療機関の手を借りる必要もある

　薬物乱用によって意識障害をおこした、うつ病などの精神障害があるなど、依存症と関連する問題は、医療機関の受診が必要です。精神保健福祉センターで病院を紹介されたら、すぐに行きましょう。

　症状がすすめば、治療も大変長くかかります。まだ早いうちなら、ふつうの生活をつづけながら治療をすることもできます。

友だちが 薬物依存症かもしれないと思ったら

なんだか友だちのテンションが高く、突然きつめの言動をする……など、
ようすがおかしい、薬のせいではないかと思ったときは、
ここで紹介しているような接しかたをしてみましょう。

いつもどおりに接する

友だちの異変に気づいても、まずは今までどおり接することが大切です。ゲームをしたり、スポーツをしたり、楽しい話をして笑いあえれば、それだけでも友だちが薬物から離れる時間が生まれます。

そのうえで、自分が心配しているということをさりげなく伝えられるといいでしょう。相手は、友だちに知られて心配をかけたりするのがイヤで、なかなか打ち明けてはくれないかもしれません。あまりしつこくならないように、声をかけつづけましょう。

信頼できる大人に相談する

友だちを心配する気持ちはとてもすてきなことですが、自分ひとりで薬をやめさせようと思うのはやめましょう。なんとかしようという気持ちが強くなると、必要以上に声をかけたり、責めたり、怒ったりしがちです。すると相手をよけいに追いつめてしまったり、自分自身がとても苦しくなってしまったりします。

信頼できる大人、専門家に相談し、そこにつなげることがとても大切です。友だちとしてどう接すればいいのか、アドバイスもしてもらえるはず。あとはまかせれば大丈夫です。

友だちに声をかけるときは

声をかけるときは、なるべくほかの友だちがいないところにするといいでしょう。また、話してくれたら、否定したりせず、ただ話を聞いてあげましょう。

言葉の例

「なにか困ってることはない？」
「心配なんだ」
「なにかできることがあるかな」
「そうか、そうなんだね」
「話してくれてありがとう」
「不安だったんだね」

相談する大人は、38、39ページを参考に慎重に選んで。相談には友だちといっしょに行ってもいいし、先にひとりで行って「こんな友だちがいる」と話してみてもいいよ。

薬物依存症の治療法

薬物依存症になってしまったから、もうだめだと思わなくても大丈夫。
あきらめずに治療にとりくめば、回復することができます。
どんな治療方法があるのでしょうか。

からだと心の回復をめざす

薬物依存症の治療は、薬物によってひきおこされた中毒症状の治療と、薬物に依存した心からの脱却をはかるための治療をおこないます。

おもに精神科病院などの医療機関でおこなわれ、病院内での規則正しい生活を送りながら薬物の量をへらし、必要に応じて治療薬をとり入れながら中毒症状を改善していきます。

また、薬物に依存した心や行動を改め、薬物に対する強い欲求をなくすために、認知行動療法をベースにした集団認知行動療法（依存症集団療法）などをおこないます。

認知行動療法

認知とは、もののとらえかた、考えかたのこと。自分の考えかたや行動のパターンを知ることで、薬に近づかないような考えかたや行動をするように見直していく方法です。

一時的に薬をやめるのは、まだかんたんなんだ。やめた状態をつづけていくのがとてもむずかしい。一日一日と積み重ねていくんだよ。

あせらずに治療をつづけていくことが大切なのね。

回復には波がある

自分が、自分の思いどおりにならなくなる依存症は、回復も思うようにはすすみません。よくなったようでも、なにかのきっかけで再発してしまいます。そこで「もうだめだ」とあきらめたら依存症からぬけ出せません。再発はあたり前。しかたのないことと考えて、回復をめざしつづけることがなにより大切です。行ったり来たりしながら、少しずつよくなっていきます。

自助グループでの治療

　治療は、ひとりより仲間がいたほうがうまくいきます。自助グループは、同じように依存症の治療を受ける人たちのグループ。定期的に集まって、それぞれの悩みを話したり、聞いたりします。

　つらさをわかりあえる仲間どうしの安心感があり、気持ちをすなおに伝えることができます。自分に合ったグループを見つけ、通いつづけることが大切です。

薬物依存症の自助グループ

- ナルコティクス・アノニマス（NA）
- ナラノン(Nar-Anon)ファミリーグループジャパン　※依存者の家族や友人向け
- アルコホーリクス・アノニマス（AA）
  ※おもにアルコール依存者向け

など

対等の立場で話し、聞いたことは外の人にはもらさない。

民間リハビリ施設での治療

　ふつうの暮らしをつづけていては、どうしても薬から離れられないようなときには、施設に入っての治療も考えられます。施設のなかで、薬のない規則正しい生活をし、自助グループの集まりに参加したりしながら回復をめざします。

　共同生活をするのが基本ですが、家から通うタイプの施設もあります。

薬物依存症の民間リハビリ施設

- 日本ダルク（DARC）
- ワンネスグループ
- ナルコノンジャパン
- マック（MAC）　※おもにアルコール依存者向け

など

自助グループもリハビリ施設も、精神保健福祉センター（→40、46ページ）で紹介してもらえるんだね。

薬物依存症になる人は、もともとなにかつらいことがあったわけだから、治療するだけでなく、もとにあった、つらい環境や人間関係を改善することも大切なんだ。

たしかに同じ悩みをかかえた人たちの間では、自分の悩みも話しやすくなるかも。

いろいろな治療のしかたがあるんだね。

相談先一覧

もしかしたら自分は依存症かもしれない、あるいは家族や友だちが依存症かもしれない場合は、なんらかの悩みや苦しい気持ちをかかえながら毎日を過ごしているはずです。ここで紹介している相談先を見ながら、自分の状況に合わせて相談してみてください。

依存症の可能性がある場合

■ 精神保健福祉センター

各都道府県および政令指定都市にあります。地域によって「こころの健康センター」など名称がちがう場合も。心の相談全般をあつかっており、相談料は無料。本人でなくても家族が相談することもできますし、地域の支援情報も得ることができます。ネットで「全国の精神保健福祉センター　厚生労働省」と検索すると、全国のセンターの住所と電話番号が調べられます。地域によって活動内容が異なるため、サイトや電話で、相談したい内容をあつかっているか事前に確認しておくとよいでしょう。

■ 依存症対策全国センター

薬物、アルコール、ギャンブルといった依存症の支援体制の充実をめざす機関です。サイトで全国の相談窓口と医療機関を検索できます。薬物依存症の相談や電話相談ができるかどうか、外国語に対応できるかなど、細かく検索することができます。

■ 精神科病院、病院の精神科

からだと心に対して治療していきます。必要に応じて治療薬をとり入れながら回復をめざします。また、同じような症状の患者さんを対象にグループで治療する依存症集団療法をおこなうこともあります。どの精神科でも依存症をみてくれるわけでもないため、事前に電話などで確かめましょう。

> もしきみが違法薬物を使用していて悩んでいる場合は、住んでいる地域の「精神保健福祉センター」に連絡しよう。秘密を守ってくれるよ。

まずは相談したい場合

■ 厚生労働省サイト「こころもメンテしよう」

厚生労働省による、子どもや若者に向けた心身の健康や病気にまつわるサイトです。10代、20代の心の病気の紹介や治療法についての知識が得られるほか、困ったときの相談先の紹介などもあります。

■ スクールカウンセラー

全国の中学校の約75％に、心の専門家であるスクールカウンセラーがいます。通っている学校にスクールカウンセラーがいる場合は、かかえている悩みを相談してみましょう。

■ 相談窓口「チャイルドライン」

18歳までの子どものための相談窓口です。依存症にかぎらず、どんな話でも聞いてくれます。フリーダイヤル、またはオンラインチャットで相談できます。秘密を守ってくれ、名前を名乗らなくてもよいです。
電話番号：0120-99-7777
※毎日午後4時〜午後9時（年末年始はお休み）
オンラインチャット用URL：https://childline.or.jp/chat

> 依存症は必要な治療や支援につながることで解決可能な問題でもあるよ。すぐには解決できないかもしれないけれど、まずは相談することが依存からぬけ出す一歩になるんだ。

さくいん

あ
アルコール（依存者）……16-17、23、24、43、46

違法薬物……15、16-17、18、24-26、32、39、46

医薬品医療機器等法（薬機法）……21、29

エナジードリンク（エナドリ）……5、17、22-23、45

MDMA……17、24、26、29

LSD……17、24、26、29

オーバードーズ（OD）……5、8、19、31

お薬手帳……31

か
覚醒剤……10-11、16-17、18、24、26-27、29、33

覚醒剤取締法……29

カフェイン……5、16、19、22-23、24、45

危険ドラッグ……11、15、16-17、27、37

グループ療法……45

抗不安薬……11、16、20-21、24

コカイン……17、24-25、29

さ
自助グループ……43

市販薬……8、11、15、16、18-19、21、29、30-31

集団認知行動療法（依存症集団療法）……42、46

処方せん……10、21

処方薬……15、16、19、20-21、29、30-31

身体依存……10

シンナー……17、26

睡眠薬……11、16、20-21、24

精神依存……10

精神保健福祉センター……15、39-40、43、46

た
大麻草の栽培の規制に関する法律……29

大麻（マリファナ）……9、11、16-17、24-25、27、28、29、37

な
ネットリテラシー……36

ニコチン……16、23、24

認知行動療法……40、42

は
副作用……9、21、30-31

フラッシュバック……24、27

ヘロイン（あへん系麻薬）……17、24-25、29

ま
マジックマッシュルーム……17、24、27

麻薬……16-17、18、25-27

麻薬及び向精神薬取締法……21、29

麻薬原料植物……27

民間リハビリ施設……43

や
薬物依存（症）……5、10-11、14、15、16、30、38-40、41、42-43、46

薬物中毒……10

薬物乱用……8、10、12、16、23、32-33、40

有機溶剤……17、26

47

監修

松本俊彦
まつもととしひこ

国立研究開発法人 国立精神・神経医療研究センター
精神保健研究所 薬物依存研究部 部長
同センター病院 薬物依存症センター センター長

1993年佐賀医科大学卒業。横浜市立大学医学部附属病院にて初期臨床研修終了後、国立横浜病院精神科、神奈川県立精神医療センター、横浜市立大学医学部附属病院精神科、国立精神・神経センター精神保健研究所司法精神医学研究部室長、同 自殺予防総合対策センター副センター長などを経て、2015年より現職。2017年より国立精神・神経医療研究センター病院薬物依存症センター センター長を兼務。
日本社会精神医学会理事、日本アルコール・アディクション医学会理事。
著書に、『自分を傷つけずにはいられない 自傷から回復するためのヒント』（講談社）、『薬物依存症』（筑摩書房）、『誰がために医師はいる クスリとヒトの現代論』（みすず書房）、『世界一やさしい依存症入門』（河出書房新社）などがある。

編集制作：株式会社KANADEL
編集協力：漆原 泉
装丁・本文デザイン：高橋里佳（有限会社ザップ）
マンガ：くりた ゆき
キャラクター：石井里果
本文イラスト：ヤマネ アヤ
校正：荒井 藍、澤田 裕

10代からのヘルスリテラシー 薬物

2024年9月25日 第1刷発行 NDC498
2025年3月14日 第2刷発行

監 修 松本 俊彦
発行者 中川 進
発行所 株式会社大月書店
　　　　〒113-0033 東京都文京区本郷2-27-16
　　　　電話(代表)03-3813-4651 FAX 03-3813-4656
　　　　振替00130-7-16387 http://www.otsukishoten.co.jp/
印 刷 精興社
製 本 ブロケード

© Toshihiko Matsumoto, Otsuki Shoten Co., Ltd. 2024
本書の内容の一部あるいは全部を無断で複写複製（コピー）することは法律で認められた場合を除き、
著作者および出版社の権利の侵害となりますので、その場合にはあらかじめ小社あて許諾を求めてください
ISBN978-4-272-40756-9 C8337 Printed in Japan

10代からの ヘルスリテラシー

全**4**巻

- 薬　物
- お酒・たばこ
- スマホ・ゲーム
- ダイエット・摂食障害